RÉFUTATION

DE

M. LE DUC DE ROVIGO,

OU

LA VÉRITÉ SUR LA BATAILLE DE MARENGO.

PARIS,

CHEZ ROSIER, LIBRAIRE,

RUE MONTMARTRE, N° 68, VIS-A-VIS CELLE DE LA JUSSIENNE.

M DCCC XXVIII.

IMPRIMERIE DE LEFEBVRE,

RUE DE BOURBON, N°. 11.

RÉFUTATION

DE

M. LE DUC DE ROVIGO,

OU

LA VÉRITÉ SUR LA BATAILLE DE MARENGO.

LE duc de Rovigo vient de faire paraître de nouveaux Mémoires pour servir à l'histoire de Napoléon.

Dès les premières pages de cette nouvelle production, on a pu reconnaître que ses souvenirs n'étaient pas très-sûrs, et, lorsqu'on est arrivé au récit de la bataille de Marengo et à la charge exécutée par le général Kellermann, cette remarque a reçu particulièrement son application.

On y lit, page 279, cette singulière phrase :

« Depuis la chute du Gouvernement impé-
» rial, de prétendus amis du général Kellermann
» ont réclamé en son nom l'honneur d'avoir
» improvisé cette charge. *Cette prétention est
» trop forte*, et sûrement étrangère à ce géné-
» ral, dont la part de gloire est assez belle
» pour en être satisfait. »

Ces réflexions, outre qu'elles sont peu obli-

(4)

geantes pour le général Kellermann, ne sont
pas conformes à la vérité. Ce n'est point d'aujourd'hui que certaines personnes lui ont dis-
puté le mérite de l'inspiration d'un fait d'armes
qui tient tellement du prodige, qu'il l'attribuait
bien plus à la fortune qu'à lui-même. On a déjà
revendiqué pour lui, comme on est forcé de le
faire aujourd'hui, une aussi légitime, une aussi
incontestable propriété : car pourquoi se con-
tenterait-il de la part à laquelle le duc de Rovigo prétend de nouveau le réduire, quand il
a droit à la totalité ?

On ne balance pas à l'affirmer, la propriété
d'inspiration de la charge de cavalerie qui, dans
cette journée, a, non pas décidé, mais ramené
la victoire sous nos drapeaux, appartient au général Kellermann. Quant à la gloire de l'exé-
cution, elle lui est commune avec le petit nombre de braves qui, tous sans exception, se
sont précipités à sa voix au milieu des ennemis.

Si cette inspiration n'est pas à lui, à qui donc
est-elle ? Nul jusqu'ici ne s'est hasardé à la re-
vendiquer explicitement, pas même le premier
Consul. Si l'aide-de-camp Savary d'alors avait
cette prétention pour lui-même, elle serait
plus que forte : on ne lui fera pas le tort de la lui
prêter ; il y avait trop de distance entre lui et
ce général, quelque jeune qu'il fût, pour pré-

tendre à le diriger. Si le duc de Rovigo a écrit dans l'intérêt du premier Consul, que ne le dit-il, et que ne le prouve-t-il? Il se contente de l'insinuer; il enveloppe la vérité d'un nuage; il donne à entendre, page 277, qu'il n'aurait quitté le général Kellermann qu'après la dispersion de la colonne hongroise.

On le déclare positivement, M. Savary n'a eu aucune connaissance *personnelle* du fait : il n'était point près du général Kellermann quand celui-ci s'élança au secours de ses camarades, comme on se jette à l'eau, d'instinct, pour sauver son semblable qui se noie. La Fortune lui présenta l'occasion, il la prit aux cheveux : cinq minutes plus tôt ou plus tard, l'à propos eût été manqué!

On ne fera pas à la mémoire du premier Consul l'injure de supposer que le duc de Rovigo se soit ici rendu l'interprète de ses sentimens secrets : ce serait lui prêter une faiblesse dont sa supériorité bien établie devait l'exempter.

Celui qui, à vingt-six ans, avait débuté par la campagne d'Italie de 96, qui avait fait la conquête de l'Egypte, qui avait été porté sur les bras des Français, de Fréjus à Paris; qui avait conçu, exécuté le passage prodigieux du Saint-Bernard, et imaginé d'aller, pour ainsi dire, retenir Mélas par la basque de son habit, l'arracher de la France où il allait pénétrer, et le forcer à combattre pour son propre salut ; celui-là, dis-je, avait-il besoin de quelque lauriers de plus, lui qui était si riche d'ailleurs d'une gloire vierge et pure encore ! Et la gloire d'une bataille n'est-elle pas, en définitive, toujours pour le général en chef ?

Après le succès, le vainqueur est maître d'arranger sa bataille comme il lui convient : une déroute il l'appellera un changement de front ; il n'avouera de fautes que celles qu'il se donne le mérite d'avoir réparées, quoique souvent il ne le doive qu'au hasard.

La vérité est, ainsi que l'avoue le duc de Rovigo lui-même, que Napoléon ne comptait pas sur une bataille. En effet, il croyait l'ennemi plus occupé de lui échapper que de le combattre. Plein de cette idée, il avait jeté Desaix sur Novi pour couper le chemin de Gênes ; et laissant même une partie de ses troupes en arrière, il pressait Mélas avec moins de 20,000 hommes, 12 pièces de canon et un approvisionnement de combat incomplet. Celui-ci, à peine entamé par l'affaire de Casteggio, fit subitement volte-face, et la bataille de Marengo eut lieu.

Tout ce que le duc de Rovigo raconte de cette journée démontre que l'aide-de-camp Savary n'avait et ne pouvait avoir, en effet, connaissance des faits , et qu'il ne parle que d'après d'autres qui n'étaient pas mieux instruits que lui. Sa relation fourmille d'erreurs sur les circonstances et les localités : on ne les relèvera pas une à une, la tâche serait trop longue; mais un récit fidèle, puisqu'il faut le recommencer, de ce qui est personnel au général Kellermann, ou de ce qui s'est passé sous ses yeux, sera la meilleure réfutation de ces erreurs sans doute involontaires du duc de Rovigo, et la différence qui existera entre les deux relations, fera voir en quoi il s'est écarté de la vérité, et ce qui donna lieu à cet événement qui semble encore tenir du prodige.

Le 25 prairial (14 juin 1800) vers les six heures du matin, le canon d'Alexandrie annonça les projets du général Mélas.

Le lieutenant-général Victor était, avec son corps en avant de Marengo, le général Lannes à sa droite. Ces deux corps formaient 16 à 18000 hommes. C'était, avec la Garde consulaire, tout ce dont disposait Napoléon, *sur le point* du combat. Desaix était vers Novi.

Aux premiers coups de canon, le général Kellermann, avec sa brigade de cavalerie, joignit le lieutenant-général Victor, dont les efforts bien entendus et seuls possibles, tendaient à empêcher l'ennemi de déboucher et de se déployer dans la plaine. Il y réussit pendant toute la matinée, et, par son intrépide contenance, jointe à plusieurs charges de cavalerie des généraux Champaux et Kellermann, il refoula à diverses reprises les Autrichiens dans les marais de la Bormida.

Vers onze heures du matin, le feu s'éteignit et le combat parut suspendu. Cette inaction nous étonnait ; nous ne tardâmes pas à en avoir l'explication. Les Autrichiens se réunissaient et faisaient leurs dispositions pour déboucher. On avait fait mettre pied à terre à notre cavalerie.

A une heure après-midi, on vit celle de l'ennemi sortir des bois de la Bormida. Le général Kellermann fit promptément monter à cheval et se porta au village de Marengo vers lequel l'ennemi se dirigeait. Il y rencontra le général Gardanne, lui dit que l'armée ennemie débouchait sérieusement, et l'engagea à se disposer pour lui faire tête. Ce général lui répondit que son infanterie n'avait plus de cartouches et son artillerie plus de munitions.

Dans une circonstance aussi difficile, sans moyen d'arrêter l'ennemi et de résister à sa cavalerie, il était indispensable de se retirer et de mettre l'infanterie à couvert derrière les vignes peu éloignées. Au moment où le général Gardanne exécutait cette disposition, la cavale-

rie ennemie charge et renverse le 8e de dragons.
Le général Kellermann, qui se trouvait en se-
conde ligne, charge lui-même cette cavalerie,
et la rejette sur le gros de l'armée ennemie. Ce
petit succès donna le temps au général Gardanne
d'exécuter un mouvement trop nécessaire. Cependant l'infanterie autrichienne se massait rapidement, et sa cavalerie, sans doute pour lui
faire place, se jeta presque en totalité sur sa
droite et dans la direction de Novi ; son immense
supériorité numérique aurait pu l'enhardir à dé-
blayer le terrain d'une autre façon. Elle préféra
abandonner la route de Tortone. Ce fut un
bonheur pour nous : elle fit une grande faute,
car, en s'éloignant de son infanterie, elle ne put
la protéger dans le fatal moment.

Cependant le général Kellermann tenait toujours, avec une poignée de cavaliers, la tête
du village de Marengo pour couvrir le mouvement du général Gardanne et gagner du
temps. Mais enfin le feu et le canon l'obligèrent
de faire sa retraite. Il l'exécuta seul, sans appui,
à travers cette plaine immense, lentement et
comme à la manœuvre. Il était suivi par la seule
infanterie de l'ennemi. A peine apercevait-il
dans le lointain quelques bataillons français en
pleine retraite, et la division Mounier qui tenait
encore, abandonnée à elle-même à Castel-Seriolo.

Vers les quatre à cinq heures du soir, Kellermann rencontra enfin la division Boudet qu'on avait rappelée en toute hâte de Novi et qui était en bataille près du village de Saint-Julien, à plus de deux lieues en arrière du premier champ de bataille. Il fit halte et commença à respirer.

Ce fut là que l'aide-de-camp Savary le joignit et lui *transmit* de la part du premier Consul, *l'ordre de marcher à la hauteur du corps du général Desaix et de l'appuyer dans le nouveau combat qui allait s'engager.* Tel est le seul rapport, la seule relation qui, dans cette journée, aient eu lieu entre le général Kellermann et l'aide-de-camp Savary. Sa mission remplie, il dut aller rejoindre son général qui ne pouvait être loin. On ne le revit plus. (1)

Le général Kellermann s'était persuadé, dans le premier moment, que la réserve n'était pas moindre de 12 à 15,000 hommes; mais ce qu'on appelait le corps de réserve du général

____

(1) Le duc de Rovigo invoque le témoignage du général Kellermann, page 279. *Sûr* de ces souvenirs qui marquent trop dans la vie pour pouvoir jamais s'effacer, celui-ci rappellera à M. de Rovigo les propres paroles qui furent échangées entre eux.

Lorsque l'aide-de-camp Savary lui eut transmis les ordres du premier Consul, Kellermann lui dit : « Je me

Desaix n'était en réalité que la division Boudet; elle était tout au plus de 4000 hommes, (9 bataillons); presque tout le reste de l'armée était éparpillé, et l'on ne pouvait dire ce que cela était devenu. On a parlé d'un changement de front : c'est une erreur; il n'y avait plus d'élémens pour une telle manœuvre.

Le corps de Desaix était notre dernière ressource; il tenait la gauche de la route de Tortone à Alexandrie. Le général Kellermann en occupait la droite à très-peu de distance; sa cavalerie se composait des 300 cavaliers des 2e et 20e régimens, et de 150 à 200 dragons dispersés qu'il avait réunis. C'était un bien petit nombre de combattans, mais ils se sont rendus immortels, et le nom de chacun d'eux eût mérité d'être gravé sur cette colonne de Marengo qui toutefois ne fut point respectée comme celle de Lutzen.

Ainsi la division Boudet forte de 4000 hommes, et la cavalerie du général Kellermann forte

---

» bats depuis six heures du matin, j'ai fourni six char-
» ges, j'ai perdu la moitié de mon monde, ma troupe est
» rendue, faites-nous remplacer par d'autres. » Savary lui répond : « Il n'y a plus que vous; tout a disparu, ou
» est trop éloigné; il faut aller, voilà des débris de deux
» régimens de dragons, ralliez-les à votre colonne. »
Kellermann reconnut la nécessité et fit ses dispositions.

de 5oo chevaux, c'est avec cette poignée de monde que Desaix allait, sur l'ordre de Napoléon, affronter une armée victorieuse qui ne comptait pas moins de 20,000 hommes d'infanterie et 10,000 hommes de cavalerie, s'avançant presque sans obstacles au milieu d'une plaine sans limites.

S'il suffit du succès pour justifier une telle témérité, le premier Consul est absous.

Quoi qu'il en soit, Desaix se met en mouvement de Saint-Julien. Les tirailleurs ennemis sont repoussés jusqu'au village de Cassina-Grossa.

Le général Kellermann, masqué par des vignes supendues aux mûriers, marchait à hauteur de l'infanterie et observait ce qui se passait à sa gauche, prêt à agir au besoin.

C'est à ce point de Cassina-Grossa que le corps de Desaix vint heurter et se briser contre la masse formidable de l'armée autrichienne. Le 9e. d'infanterie légère, qui marchait déployé, ne put soutenir le choc de la colonne hongroise qui chargeait en tête.

Il s'arrête, il chancelle, se retire en hâte, et entraîne la ligne avec lui ; la colonne ennemie s'abandonne inconsidérément à sa poursuite, dépasse à la course le général Kellermann et lui prête un flanc sans défense. Kellermann le voit, passe rapidement de l'ordre de bataille à l'ordre en colonne, la gauche en tête, et, ne prenant conseil que du danger de ses camarades, tombe comme l'éclair sur le flanc gauche des Autrichiens, les surprend dans le désordre de la victoire, dégarnis de leur feu, et dans un instant 6000 hommes ont mis bas les armes.

Cette action décisive fut moins longue à exécuter qu'à raconter. Qui pourrait démentir ce récit ? La vérité ressort des faits et aurait pour témoins tout ce qui, de la colonne du général Kellermann, a survécu à vingt ans de guerres.

On reconnaît que c'est évidemment, nécessairement à ce désastre, en quelque sorte heureux, qu'il faut attribuer l'événement qui le changea en une victoire complète. L'occasion principalement détermine les charges de cavalerie et l'à propos assure leurs succès.

C'est donc à tort que le duc de Rovigo exprime, page 280, le regret que Kellermann n'ait pas exécuté la charge avant l'attaque de Desaix. Kellermann n'était pas en mesure de le faire ; il n'a pu tomber sur le flanc gauche des Autrichiens avant que ceux-ci le lui aient prêté. Mais s'il est vrai que Savary, page 277, soit resté près du général Kellermann, que ne lui a-t-il proposé de charger plutôt ? On l'a déja dit, il n'y était pas, et quand il y eût été, le général Kellermann n'avait pas besoin qu'un aide-camp lui indiquât ce qu'il avait à faire. D'ailleurs, nous n'étions pas encore au temps où Napoléon envoyait ses aides-de-camp pour régenter les généraux.

Par une circonstance heureuse, le général en chef, Mélas, après avoir dépassé Marengo et lancé ses colonnes, n'apercevant rien dans la plaine qui pût arrêter sa marche victorieuse, avait cru le combat décidé, avait de sa personne repris le chemin d'Alexandrie et laissé le commandement au général Zach, son chef d'état-major et l'âme de son armée. Celui-ci ayant été fait prisonnier avec la colonne hongroise, l'armée autrichienne se trouva sans direction.

Frappée de stupeur et d'épouvante, elle dut croire à l'arrivée inattendue d'un puissant renfort, puisqu'elle se retira sans regarder derrière elle, abandonnant la partie et la victoire qu'elle avait tous les moyens de ressaisir; sa cavalerie était entière et n'avait pas donné, son corps de bataille était intact.

Cependant le général Kellermann, resté seul sur le champ de bataille entre les deux armées, considérait avec quelque inquiétude la solitude qui l'environnait, tout avait disparu autour de lui. Il put à peine, au bout d'une heure, rallier deux bataillons et les grenadiers à cheval de la

Garde, qui, à force d'instances, l'avaient re-joint, pour suivre prudemment l'armée autri-chienne dont la retraite sur Alexandrie était dé-cidée.

Quand le général Kellermann en fut assuré, il envisagea toute l'étendue et les conséquences du prodige qui venait de s'opérer. Il en fut émerveillé; son premier mouvement fut de le rapporter à celui qui dispose du sort des empi-res, et de le remercier intérieurement de ce qu'il avait daigné se servir de lui pour relever la fortune de son pays.

Peu d'instans après ce succès inespéré, il fut rejoint par le général Marmont, qui lui apprit la mort de Desaix, dont le moment précis pa-raît ignoré. Le premier Consul lui fait tenir un très-beau discours en mourant. D'autres, et nommément Lefèvre-Desnouettes, avec plus de vérité, ont assuré qu'il tomba sans proférer une parole; et Savary nous apprend qu'il le trouva dépouillé parmi les morts, et qu'il eut peine à le reconnaître.

S'il existe quelque incertitude sur cette cir-constance, il n'y en a pas sur le sentiment uni-versel dont il fut l'objet. Quoi qu'il en soit, on regrette que le duc de Rovigo n'ait pas mieux fait cadrer son récit avec celui du premier Con-sul; et l'on s'étonne qu'il ne fût pas près de son général au moment de la catastrophe.

C'est sansdoute pour prévenir ce reproche, où faire entendre que lui, Savary, fût l'instigateur de cette charge, qu'il dit, p. 277, n'avoir quitté le général Kellermann qu'après ce succès. Mais, on le répète, ses souvenirs le trompent ; il ne parut qu'un instant près de ce général pour lui transmettre les ordres précités du premier Consul.

Telle est la relation exacte de ce qui regarde le général Kellermann, dans cette journée ; de ce qui est son fait, de ce qui lui est personnel. Elle ne peut être contestée et ne l'a jamais été nettement. Les journaux de la France, de l'Angleterre, de l'Allemagne, ne font que la confirmer.

A Dieu ne plaise qu'on ait jamais voulu atténuer la gloire de Desaix ! c'est une gloire qui grandira d'âge en âge ; mais enfin, elle n'est pas là. Il n'est que trop vrai que Desaix tomba aux premiers coups, et que, dans cette journée, il ne put rien faire pour sa renommée. Quant à Napoléon, sa gloire comme général en chef domine toutes les autres, mais ne les étouffe pas. Nul doute que s'il eût été là, il eût saisi lui-même l'à propos ; mais il n'y était pas, et il a été heureux pour lui que sa présence ne fût pas nécessaire : un chef ne peut pas être partout ; et sa renommée ne souffre point de ce que, dans une bataille, un fait heureux, mais unique, il

est vrai, pour ses effets, aurait eu lieu sans lui.
Si Kellermann n'avait suivi sa propre impulsion,
le premier Consul aurait été en droit de lui dire :
Votre irrésolution m'a perdu.

On est donc fondé à reprocher aux amis du
premier Consul, de chicaner le général Kellermann sans motif, et de prendre à tâche de
donner le change sur le point essentiel de la
question. Il est vrai que toute la bataille était
là ; qu'il s'agissait dans cet instant, pour Napoléon, d'être ou de ne pas être, et que, par
cette charge, il a été : mais il faut prendre les
choses comme elles sont.

On serait tenté de croire qu'il eût mieux
valu pour le général Kellermann n'avoir eu
d'autre mérite que celui que lui accorde le
duc de Rovigo, et qu'il eût été vrai de dire
qu'il n'avait agi que sous l'inspiration du premier Consul. Cette intention se manifesta dès
les premiers momens par le froid accueil que
Bonaparte fit au général Kellermann, le soir
même de la bataille.

Il se borna à lui dire : *Vous avez fait une
assez bonne charge.*

La réponse du général Kellermann fut vive
et se ressentit d'un tel accueil.

En effet, cette bonne charge détermina le
caractère de cette expédition, jusque-là bien

avantureuse, sauva l'armée, et surtout le premier Consul, d'un désastre complet et inévitable. Nos débris auraient difficilement regagné la France, car Mélas victorieux, passant le Pô à Casal ou Valence, serait arrivé avant nous aux débouchés des montagnes. Notre embarras même eût peut-être été aussi grand s'il se fût abstenu de livrer bataille et de chercher à se faire jour.

Le lendemain même de la victoire, nous n'avions pu rassembler 6000 hommes. Mélas sans doute ne pouvait le présumer; mais il ne méconnut pas moins les ressources qui lui restaient et la difficulté de notre position, quand il se crut réduit à la nécessité de traiter. Il avait encore cependant de bien grandes forces, et, lorsqu'en vertu de la capitulation, l'armée autrichienne traversa les lignes françaises pour aller s'établir derrière le Mincio, elle avait encore plus de 60,000 hommes de toutes armes. Le général Kellermann les nourrit et les compta à leur passage par Guastalla.

Les avantages de cette journée furent donc immenses pour l'instant, mais elle fut, surtout, pendant quinze ans, féconde, pour le premier Consul, en résultats qui ont passé l'imagination, mais qui se sont évanouis comme les jardins enchantés de la magicienne Armide.

On n'aurait pas rappelé ces détails, si une attaque directe et non provoquée n'eût forcé à de nouvelles explications.

Elles recevront une nouvelle force des aveux mêmes de nos ennemis. On peut lire dans la Nouvelle Bellone (*Neue Bellona*), ouvrage militaire publié par M. de Porbeck, et imprimé à Leipzig par Johann - Conrad Heinrich, les passages suivans, page 74, paragraphe 50 :

« Encore quelques instans et c'en était fait » de l'armée française, quand tout-à-coup un » guerrier jeune, audacieux, jugeant habile- » ment les fautes de son ennemi, changea en » un instant le sort de cette journée. »

Et paragraphe 51 :

« Ce guerrier, c'était le jeune Kellermann » qui reconnut, dans l'isolement imprudent » de la colonne hongroise, la facilité de l'a- » néantir. »

Et paragraphe 53 :

« Toutefois, il faut rendre justice à l'ha- » bileté et à la détermination prompte du jeune » Kellermann. Suivant moi, *c'est à lui en réa-* » *lité qu'est due la* victoire. »

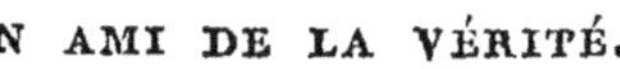

UN AMI DE LA VÉRITÉ.